LA
DIPLOMATIE EUROPÉENNE

ET LES

PAYS ROUMAINS AU XVIIIe SIÈCLE

LEÇON DE RÉOUVERTURE

DU

COURS LIBRE AUTORISÉ EN SORBONNE

D'HISTOIRE ET ART DES ROUMAINS

POUR

L'ANNÉE SCOLAIRE 1912-1913

FAITE

Le lundi 9 décembre 1912, à 3 heures

À

L'UNIVERSITÉ DE PARIS

(Amphitéâtre Guizot)

PAR

Alexandre A. C. STOURDZA

MEMBRE DE LA SOCIÉTÉ DE GÉOGRAPHIE DE PARIS
DE LA SOCIÉTÉ ROUMAINE DE GÉOGRAPHIE
ET DE LA SOCIÉTÉ D'HISTOIRE ROUMAINE

PARIS

M. GIARD & E. BRIÈRE, ÉDITEURS

16, RUE SOUFFLOT, 16

1913

LA DIPLOMATIE EUROPÉENNE

DU MÊME AUTEUR

Marcu Aureliu (L'empereur Marc-Aurèle), thèse pour la licence ès lettres. — Bucarest, 1891.

Sofocle, Oedip Rege (Sophocle, Œdipe-Roi), texte grec, traduction roumaine avec commentaire philologique et précédé d'une histoire de la tragédie hellénique, fait en collaboration avec M. Edgar Th. Aslan, et publié sous les auspices du Ministère de l'Instruction publique de Roumanie. — Bucarest, 1894.

Pre-Istoria Română (La Roumanie préhistorique). — Bucarest, 1904.

La Roumanie comme facteur de la civilisation en Orient. — Paris, 1902 (Laveur).

Byzance et l'influence byzantine en Roumanie (sur une conférence de M. C. Dissesco). — Bucarest, 1902.

La Roumanie n'appartient pas à la péninsule balkanique proprement dite ni comme sol, ni comme race, ni comme État. — (Mémoire et communication à la Société de Géographie). — Bucarest, 1904.

Les envolées de l'âme russe et ses affinités électives. — Paris, 1908.

La Terre et la Race Roumaines. — Paris, 1904 (Laveur). — Ouvrage couronné par l'Académie Française.

De l'Histoire diplomatique des Roumains, 1820-1860. Règne de Michel Sturdza, prince de Moldavie. — Paris, 1907 (Plon). Ouvrage couronné par l'Académie des Sciences morales et politiques (Mention très honorable).

La Roumanie et les Roumains, leçon d'ouverture du Cours libre autorisé en Sorbonne, faite le 6 avril 1910. — Paris, Leroux, 1910.

L'Héroïsme des Roumains au Moyen Age et le caractère de leurs anciennes institutions, leçon de réouverture du Cours libre autorisé en Sorbonne, faite le 6 décembre 1910. — Paris, Leroux, 1911.

La femme en Roumanie, sa condition juridique et sociale dans le passé et le présent. — Paris, 1911, Giard et Brière.

Figures helléniques méconnues : I. Alexandre Maurocordato l'Exaporite (1641-1709). — Paris, Imprimerie Levé, 1912.

*La lutte pour la Couronne dans les Pays Roumains au xvi*e *et au xvii*e *siècles,* leçon de réouverture du Cours libre autorisé en Sorbonne, faite le 11 décembre 1911. — Paris, Giard et Brière, 1912.

LA
DIPLOMATIE EUROPÉENNE

ET LES

PAYS ROUMAINS AU XVIIIᵉ SIÈCLE

LEÇON DE RÉOUVERTURE

DU

COURS LIBRE AUTORISÉ EN SORBONNE

D'HISTOIRE ET ART DES ROUMAINS

POUR

L'ANNÉE SCOLAIRE 1912-1913

FAITE

Le lundi 9 décembre 1912, à 3 heures

A

L'UNIVERSITÉ DE PARIS
(Amphitéâtre Guizot)

PAR

Alexandre A. C. STOURDZA

MEMBRE DE LA SOCIÉTÉ DE GÉOGRAPHIE DE PARIS
DE LA SOCIÉTÉ ROUMAINE DE GÉOGRAPHIE
ET DE LA SOCIÉTÉ D'HISTOIRE ROUMAINE

PARIS

M. GIARD & E. BRIÈRE, ÉDITEURS

16, RUE SOUFFLOT, 16

1913

A

LA MÉMOIRE

D'ALBERT SOREL

Membre de l'Institut

SOUVENIR RECONNAISSANT POUR SES PRÉCIEUX CONSEILS

———

C'est la quatrième année que j'ai l'honneur de monter les degrés de cette chaire d'Histoire et d'Art des Roumains à la Faculté des Lettres de l'illustre Sorbonne, et que le Conseil de l'Université de Paris a bien voulu m'honorer de sa confiance, en m'autorisant à continuer ce cours libre qui, pour cette année scolaire 1912-1913, sera consacré à l'étude du XVIIIe siècle dans les Pays roumains. Je ne puis que me trouver profondément touché de la faveur insigne qui m'est accordée et je ne dois pas manquer une fois de plus d'en exprimer ici tous mes remerciements à M. L. Liard, vice-recteur de l'Université, et à M. A. Croiset, doyen de la Faculté des Lettres. L'assiduité avec laquelle mes auditeurs ont bien voulu suivre mes leçons des années précédentes m'est aussi un précieux encouragement à continuer mon œuvre et à mettre tous mes efforts pour que la tâche que j'ai assumée soit accomplie dignement et qu'elle puisse porter des fruits heureux dans un avenir rapproché. Je remercie mes auditeurs pour leur fidèle présence et je les prie de me seconder dans mon labeur, afin que soit affirmée et cimentée de plus en plus cette alliance intellectuelle des Français et des Roumains, dont je me suis fait depuis plus de dix ans un ardent champion, un défenseur convaincu et résolu. Je souhaite donc que mes compatriotes s'associent une fois de plus à moi afin de témoigner leur gratitude et d'exprimer avec chaleur leur satisfaction pour l'hospitalité si large et si cordiale qui nous est toujours faite par la Science, l'Art et les Lettres françaises.

MESDAMES, MESSIEURS,

Pendant les Cours de l'année scolaire écoulée, j'ai étudié en votre attentive compagnie, que je suis très heureux de retrouver aujourd'hui, plus nombreuse encore, l'histoire, la littérature et l'art dans les Pays Roumains au xvie et au xviie siècles, dont la synthèse, la caractéristique propre, le trait particulier fut : *La lutte pour la couronne dans les pays roumains au* xvie *et au* xviie *siècles.*

En effet, chaque âge a pour ainsi dire certains traits saillants, distinctifs; chaque époque a une caractéristique particulière, prédominante. Ce qui distingue, je l'ai dit, les Roumains du Moyen Age, c'est leur héroïsme, leurs luttes pour la fondation de leur nationalité, de leurs Etats, pour le maintien de leur indépendance.

La lutte pour la couronne fut, dans les Pays roumains, la caractéristique du xvie et du xviie siècles, lutte âpre, sanglante, implacable, d'un côté de la part

des éléments nationaux contre les éléments hétérogènes avides de l'engloutir, d'un autre côté entre ces
éléments hétérogènes eux-mêmes, assoiffés de puissance et d'or, de jouissances et de parade. Et cette
lutte ne se manifesta pas seulement sur les champs de
bataille, par le glaive et par la vaillance, mais encore
par des armes nouvelles, l'intrigue, la délation, la félo-
nie, la trahison, le poison, le meurtre, l'assassinat,
l'achat des consciences, la mise à l'encan des biens,
des corps, des âmes mêmes. Cette lutte pour la couronne se manifesta sous les diverses formes que j'ai
indiquées, dont l'une méritait d'attirer plus spécialement notre attention, car elle résume à elle seule,
pour une période de plus de quarante ans, de 1546 à
1591, toutes les faces possibles de ces sortes de compétitions, et sous ses aspects les plus saillants et les
plus typiques, toute leur âpreté cruelle et toute leur
odieuse implacabilité. J'avais désigné là tout particulièrement l'ère de la domination de *Doamna Kiajna*, prin-
cesse de Valachie, les luttes pour la couronne issues
dès le règne même de son époux *Mircea le Pâtre*, pour-
suivies par elle, pour son propre compte, ou pour celui
de ses fils *Pierre* et *Alexandre* ou même pour celui de
son frère consanguin *Jean le Saxon*, non seulement
contre les compétiteurs divers, Bassaraba, Musat ou
aventuriers quelconques, mais encore plus spécialement contre l'adversaire le plus dangereux de ses fils,
Pierre Cercel, fils de Petrasco Voda, prince instruit
et même quelque peu poète, mais ambitieux et cruel,
digne émule de Doamna Kiajna. Cette lutte mémorable, également implacable, également corruptrice,
constitue par sa rivalité aiguë un des épisodes les plus

dramatiques de l'histoire des principautés roumaines, et peut être considérée, pour l'époque qui nous occupait alors, comme le symbole de toute cette question concernant la lutte pour la couronne dans les Pays Roumains, dans ces sombres siècles dont je vous ai retracé l'histoire mouvementée pendant les leçons de l'année dernière.

MESSIEURS LES ETUDIANTS,

Nous étudierons ensemble, en cette année scolaire, en une vingtaine de leçons, depuis aujourd'hui jusqu'au mois de juin, l'histoire des Pays Roumains au xviiie siècle, ainsi que l'art des Roumains au xviiie siècle. La création de la chaire spéciale de Philologie et de Littérature Roumaines près la Faculté des Lettres de l'Université de Paris, ainsi que les instructions qui m'ont été données à ce sujet par M. le doyen, par suite de mon accord avec M. Mario Roques, titulaire de cette chaire de philologie roumaine, me dispensent dorénavant de m'occuper ici de la langue et de la littérature roumaines. En conséquence, vous voudrez bien, pour cette partie spéciale, suivre aux jours du programme les cours de mon savant confrère, M. Mario Roques, dont vous pourrez apprécier l'excellente méthode et la vaste érudition, en retirant tout profit de ses remarquables leçons.

Ainsi donc, mes cours libres d'Histoire et d'Art des Roumains au xviiie siècle auront lieu ici, à la Sorbonne, dans cet amphithéâtre Guizot, le lundi de chaque semaine, à 3 heures précises, la leçon d'ouverture aujourd'hui, puis les autres, suivant le programme détaillé qui vous sera incessamment distribué, le lundi 16 décembre 1912, les lundis 13, 20 et 27 janvier 1913, les 10, 17 et 24 février 1913, les 3, 10 et 31 mars 1913, pour l'Histoire politique, diplomatique et économique des Pays Roumains au xviii° siècle, depuis l'avènement des Phanariotes aux trônes des principautés roumaines jusqu'à la révolution nationale des Roumains en 1821, ainsi que les lundis 7, 14, 21 et 28 avril et 5 mai 1913, pour l'Art dans les Pays Roumains au xviii° siècle, notamment sous les règnes de Constantin Brancovan et des Maurocordato. Ces dernières leçons seront illustrées par des projections lumineuses des portraits, costumes, monuments civils et religieux, de l'art décoratif ecclésiastique ou profane de l'époque que nous allons examiner avec des détails aussi abondants que possible.

Mesdames, Messieurs,

Je viens de dire que nous étudierons ensemble l'histoire politique, diplomatique et économique des Pays Roumains au xviii° siècle, c'est-à-dire depuis le traité de Karlovitz de 1699 sous le règne de Constantin Brancovan, prince de Valachie, jusqu'à la révolution nationale des Roumains en 1821, par conséquent l'époque généralement dénommée des « Phanariotes », parce que depuis 1714, date du meurtre de Brancovan par les Turcs jusqu'à la restauration des princes indigènes en 1822, ce sont surtout des princes grecs, originaires du Phanar (quartier de Constantinople où habitaient depuis 1483 les descendants des anciennes familles byzantines ou hellènes) qui occupaient les trônes des Pays Roumains, non plus par la voie traditionnelle de l'élection, mais par celle de la nomination temporaire et limitée octroyée par le Sultan. Ceci indique avec précision le maintien du nouveau mode de transmission du pouvoir, inauguré par les Turcs dans les Pays Roumains, depuis l'assassinat du dernier prince national des Roumains, Michel le Brave, en 1601 et la mort en 1687 du dernier prince roumain élu, Constantin Sherban Bassaraba.

Comment se présente à nos yeux ce dix-huitième siècle dans les Pays Roumains et en quoi se différencie-t-il des précédents, quant à sa caractéristique propre? En effet, nous avons vu que le système de la transmission du pouvoir, primitivement électif et héréditaire à la fois (système que j'ai signalé comme emprunté aux Romains et qui donna des fruits bienfaisants pendant l'époque héroïque du moyen âge roumain au xiiie, au xive et au xve siècles), finit par devenir de plus en plus électif au xvie siècle et le demeura à peu près pendant le xviie, puis fut simplement nominal au xviiie, jusqu'à ce qu'il prît l'organisation purement héréditaire depuis 1866. Dès le moment où le principe héréditaire, qui fut pour l'éligibilité même une réelle sauvegarde dans les principats roumains, périclita en Moldavie comme en Valachie, les querelles des diverses branches des Bassaraba devinrent de plus en plus ardentes, les compétitions au trône de leurs alliés de plus en plus âpres, les intrigues des nouveaux venus ou des aventuriers de plus en plus serrées et victorieuses, et les immixtions étrangères, tantôt isolées, tantôt soutenues ou encouragées tacitement, sinon ouvertement par les Roumains eux-mêmes, devinrent de plus en plus fréquentes, de plus en plus envahissantes, de plus en plus tenaces, dominatrices et victorieuses. De la part des Turcs surtout, ces immixtions devinrent bientôt oppressives, tyranniques, odieuses, absolues, inéluctables. C'est de la part des Turcs surtout que ces immixtions, presque légales, devinrent désastreuses autant pour le principat roumain que pour les pays eux-mêmes, par le fait de cette lutte pour la couronne que j'ai signalée pour les deux siècles antérieurs et qui demeure permanente pour tout le xviiie siècle, par ce marchandage, cette mainmise et cette mise à l'encan de la couronne roumaine, toujours au profit des Turcs seuls ou de leurs créatures, ces entremetteurs et agents du fisc ottoman, ramassis de la tourbe asiatique ou levantine, jetée sur les Pays Roumains comme autant de sauterelles dévoratrices. Le système de gouvernement des Turcs, dans l'empire comme dans les pays vassaux, ne fut pas autre chose, depuis le xviie siècle, que le brigandage organisé.

Or, ce trafic, cette vente de la couronne, prend pendant le xviiie siècle un caractère spécial qui le différencie, le nuance, le classe comme une habitude, une coutume entrée dans les mœurs politiques du temps.

Nous savons que les deux grands dragomanats de la Porte étaient devenus le monopole de la race hellénique au xviie siècle ; nous verrons qu'ils le demeurèrent juqu'en 1821 ; ils y ajoutèrent le monopole des deux principats roumains. Mais il n'y a pas lieu ici de

dire comme l'historien roumain Xenopol que les Hellènes « trahissaient les Turcs », car à ce moment-là il
n'y avait pas lieu à un conflit (et ils le prouvèrent en ne
s'associant pas aux luttes de Pierre le Grand contre les
Turcs), vu que pour la plupart des Grecs d'alors,
l'ennemi ce n'était pas le Turc mais bien le Vénitien,
maître non seulement du Péloponèse, mais encore de
la Morée, de Candie, de Chio, ce centre par excel-
lence de l'hellénisme insulaire. Les Hellènes furent
puissants en Turquie au xviiie siècle ; leurs intérêts à
ce moment-là n'étaient pas en conflit direct avec ceux
de la Porte ottomane, à laquelle ils rendaient en outre
le service considérable de les aider à vivre financière-
ment, administrativement, diplomatiquement, politiquement, vu l'incapacité notoire de gouvernement des
Turcs au xviiie siècle; mais il se trouva que les intérêts des Hellènes, nous entendons surtout les intérêts
occultes, concordaient précisément avec quelques-
uns des intérêts des Roumains, et qu'au lieu de mettre
ces intérêts d'accord, dans le but d'une action com-
mune ultérieure, une série de conflits sortirent de la
concordance même de ces intérêts, conflits qui s'ag-
gravèrent du fait de la protection moscovite, très souvent maladroite, et de l'immixtion des Russes même
dans les affaires intérieures des principautés roumaines, ainsi que du fait que le principat indigène
roumain perdit son caractère national pour devenir
une sorte de gouvernement nominal turc sous le cou-
vert du sceptre phanariote. On ne l'a pas dit et c'est
ici qu'il nous semble voir résider surtout la cause essen-
tielle du froissement des Roumains, de leur mécon-
tentement de plus en plus aigu à l'égard des Grecs,

de leurs conflits de plus en plus manifestes avec ces Grecs et de leur scission complète d'avec eux en 1821, alors que précisément en ce moment-là, les deux peuples auraient dû se donner la main et agir d'un commun accord contre le Turc, qui depuis quelque temps-déjà s'affirmait de plus en plus comme un élément « *indésirable* » en Europe.

En outre, la langue roumaine, si précieusement conservée par le peuple roumain à travers toutes les vicissitudes des siècles antérieurs, et qui fut officiellement réinstaurée au xviie siècle, comme nous le savons, par les princes Mathieu Bassaraba et Basile le Loup, la langue roumaine, à partir de 1715, fut de plus en plus écartée des affaires et de l'Eglise. A la cour, ce fut dès lors la langue grecque que l'on parla dans les pays roumains, sauf sous Constantin Maurocordato ; dans l'Eglise roumaine, de plus en plus en étroite dépendance à l'égard du patriarcat grec de Constantinople, tout le haut clergé finit par se recruter parmi les Grecs, sauf quelques très rares exceptions. Enfin, l'aristocratie elle-même, qui avait déjà commencé à perdre au xviie siècle une partie de son caractère national, se scinda en deux groupes hostiles : l'un, farouche, se terra avec les paysans à la campagne et demeura roumain ; et l'autre, l'aristocratie de cour, s'hellénisa en grande partie, tandis qu'avec le peuple, demeuré toujours roumain, l'abîme se creusa de plus en plus ; et puis, même dans le clergé, les hauts prélats grecs, instruits et souples, ne furent plus en communion d'âme avec le bas clergé roumain, demeuré roumain, mais qui était aussi misérable et ignorant que le peuple lui-même. C'est ainsi que ce malheureux peuple roumain, non point tant de l'unique faute des Grecs mêmes, que de celle d'une partie des boyards roumains déracinés et des descendants des anciens princes devenus apathiques et sans compréhension de l'âme nationale, fut dépourvu de chefs issus des élites nationales, et que, croupissant de plus en plus dans l'abandon où le laissaient et la noblesse et le clergé, il en arriva, dès le xviie siècle, à ne plus pouvoir aspirer à aucune culture et à ne plus pouvoir participer aux événements politiques qui concernaient leur pays devenu l'enjeu des convoitises étrangères. Il croupit de plus en plus dans une servitude qui chaque jour devint plus lourde, dans une ignorance qui chaque jour devint plus épaisse, à tel point que lorsque quelques princes phanariotes, vraiment humains et humanitaires, comme Constantin Maurocordato, voulurent les sortir de leur apathie et essayer d'améliorer leur sort et de les relever, ces princes ne trouvèrent aucun écho dans ce peuple, non point tant parce qu'ils étaient Grecs, mais parce que ce peuple, accablé sous le poids d'une effroyable tristesse et d'un morne désespoir, profondément méfiant et soupçonneux, ne comprit rien aux velléités des réformes sociales de ces princes et qu'il n'aurait d'ailleurs même rien compris à des velléités semblables venant d'un prince de sang roumain, à la fin du xviiie siècle. La preuve en est dans le fait même du soulèvement national de 1821 qui, quoique préparé de longue main par les boyards roumains eux-mêmes, ne trouva d'écho dans le sein de ce peuple que lorsque ce mouvement vit à sa tête un homme issu de ce peuple, le sublime paysan Tudor Vladimirescul. Le malentendu, à l'origine entre les princes phanariotes et les princes roumains, devint un malentendu entre les boyards eux-mêmes, puis entre les boyards et le peuple, entre les princes et le peuple, enfin entre les Roumains et les Hellènes. Et c'est là une des causes du malentendu politique qui coupa en deux courants divergents le tronçon du souffle nationaliste de 1821, qui souleva l'âme des Hellènes et l'âme des Roumains, et leur permit néanmoins pour la première fois de s'affirmer ethniquement.

Quant aux Phanariotes, aux yeux de beaucoup d'historiens, même des occidentaux, allemands, français ou anglais, qui ont emboîté le pas derrière certains historiens roumains chauvins, ou de parti pris, ils paraissent presque païens, nettement immoraux, mais quelque peu esthétiques, artistes, érudits, et philosophes, dénués cependant de tout esprit moral, et, aujourd'hui, beaucoup de politiciens roumains ou hellènes se considèrent comme bien supérieurs aux princes phanariotes, jugés tous globalement, sans différence entre les bons et les mauvais. Nous sommes surpris de les voir si policés et parfois si bien organisés, nous sommes parfois un peu stupéfaits de les trouver si habiles, notamment en diplomatie, et nous ne comprenons pas comment ils ont pu avoir la hardiesse d'imaginer des réformes qu'on n'oserait peut-être pas tenter aujourd'hui et l'audace de suivre des politiques intérieure ou extérieure que de nos jours ces mêmes politiciens hellènes ou roumains n'oseraient même pas imaginer. Or c'est précisément dans la question du principat indigène que nous semble résider, nous venons de le dire, la cause principale du malentendu. Enfin nous n'hésiterons pas à dire ce que nous avons déjà dit ailleurs, c'est-à-dire qu'au lieu de blâmer les Phanariotes à l'excès (1), nous pensons qu'il faudrait peut-être les louer plutôt de leur habile diplomatie, de leur sagace tactique qui fut l'un des facteurs annonciateurs de la délivrance des peuples chrétiens de l'Europe orientale. En effet, c'est notamment la souplesse féline, l'habileté enveloppante, l'intelligence pénétrante et patiente des Grecs, des Phanariotes qui, faisant leur apparition sur la scène de l'histoire au xviie siècle par l'acquisition sans violence de la charge importante de grand dragoman ou interprète de la Sublime Porte ottomane, leur permirent d'opposer une barrière réelle à la tyrannie musulmane, dont l'œuvre s'exerçait sur les Roumains et les Hellènes par les moyens effroyables que nous avons récemment décrits avec d'abondants détails dans nos leçons précédentes. Ayant ainsi pénétré dans le gouvernement même de l'Empire ottoman, par l'acquisition de la haute charge de grand interprète (peu à peu même dans celle d'ambassadeur et quelquefois de grand vizir), les Phanariotes devaient fatalement aboutir à obtenir, à conquérir,

(1) J'ai le devoir de signaler ici des appréciations erronées et injustes, parues récemment dans un article littéraire du 4 novembre 1912 d'un organe aussi considérable que *Le Temps*, qui affirme, sans preuves, entre autres, que : « le règne des Phanariotes fut la plus triste (*sic*) époque de l'histoire des pays moldo-valaques », que « les princes grecs mirent en pratique dans leurs Etats un immense (*sic*) système d'extorsion (*sic*), abolirent (*sic*) les assemblées, fermèrent (*sic*) les écoles et proscrivirent la langue nationale comme un jargon (*sic*), etc. » Autant de mots, autant d'erreurs, sinon de calomnies.

si l'on peut dire, par cette voie indirecte et détournée, la couronne même des principautés roumaines qui était à leurs yeux comme un reflet de la couronne impériale de Byzance, objet et but de leurs rêves intérieurs, ce que paraît démontrer avec certitude l'ambition du grand prince valaque d'origine hellène, Sherban Cantacuzène.

Le système de la vente du trône à l'encan, qui avait été pratiqué à outrance au XVIIe siècle, fut modifié, pour l'époque dont nous allons nous occuper. Les Turcs, voyant les nombreuses défections des princes roumains et leur perpétuel désir de s'affranchir de la lourde tutelle ottomane, n'osèrent plus maintenant confier ces dignités seulement à celui qui offrait le plus d'argent; ils prenaient bien de l'argent, mais de ceux-là seulement sur lesquels ils pensaient pouvoir compter. Et comme, en outre, le nombre de ceux-ci devenait de plus en plus restreint, les Turcs y portèrent remède, car le manque de concurrents aux trônes roumains était dangereux pour eux. L'habileté de la Sublime Porte dans l'art de soutirer de l'argent trouva bientôt le moyen d'écarter l'obstacle qui provenait du manque de concurrents. Elle introduisit un nouveau système, celui de transférer les princes d'un pays à l'autre et de leur faire payer ce changement de gouvernement comme une nouvelle nomination. Notons que la Valachie étant plus riche que la Moldavie, le prince qui occupait son trône s'efforçait de s'y maintenir à tout prix pendant que celui de la Moldavie tâchait de passer en Valachie. La succession des princes est donc assez compliquée pour cette époque, et les événements politiques qui se déroulèrent en Europe pendant cette période la compliquèrent encore davantage. Il importe donc de s'y orienter dès l'abord.

*
* *

Voici le tableau détaillé exact des princes roumains au xviiie siècle, de 1689 à 1821 :

VALACHIE

1689-1714. — Constantin Brancovan.
1714-1716. — Etienne Cantacuzène III.
1716 — Nicolas Maurocordato I.
1716-1719. — Jean I Maurocordato II.
1719-1730. — Nicolas Maurocordato I.
1731-1733. — Constantin Maurocordato III.
1733-1735. — Grégoire Ghica III.
1735-1741. — Constantin Maurocordato III.
1741-1744. — Michel Racovitza I.
1744-1748. — Constantin Maurocordato III.
1748-1752. — Grégoire Ghica III.
1752-1753. — Mathieu Ghica IV.
1753-1756. — Constantin Racovitza II.
1756-1758. — Constantin Maurocordato III.
1758-1761. — Charles Ghica V.
1761-1763. — Constantin Maurocordato III.
1763-1764. — Constantin Racovitza II.
1764-1765. — Etienne Racovitza III.
1765-1766. — Charles Ghica V.

1766-1768. — ALEXANDRE GHICA VII.
1768-1769. — GRÉGOIRE ALEX. GHICA VI.
1769-1774. — Interrègne. Guerre. Occupation russe.
1774-1782. — ALEXANDRE YPSILANTI I.
1782-1783. — NICOLAS CARAGEA I.
1783-1786. — MICHEL SOUTZO I.
1786-1788. — NICOLAS MAVROGHÉNY.
1788-1791. — Interrègne. Guerre. Occupation russe.
1791-1793. — MICHEL SOUTZO I.
1793-1796. — ALEXANDRE MOUROUZI II.
1796-1797. — ALEXANDRE YPSILANTI I.
1797-1799. — CONSTANTIN HANGERLI.
1799-1801. — ALEXANDRE MOUROUZI II.
1801-1802. — MICHEL SOUTZO I.
1802-1806. — CONSTANTIN YPSILANTI II.
1806-1812. — Interrègne. Guerre. Occupation russe.
1812-1819. — JEAN CARAGEA II.
1819-1821. — ALEXANDRE SOUTZO II.

MOLDAVIE

1709-1710. — NICOLAS MAUROCORDATO I.
1710-1711. — DEMETRIUS CANTEMYR III.
1711-1716. — NICOLAS MAUROCORDATO I.
1716-1727. — MICHEL RACOVITZA I.
1727-1733. — GRÉGOIRE GHICA III.
1733-1735. — CONSTANTIN MAUROCORDATO III.
1735-1741. — GRÉGOIRE GHICA III.
1741-1744. — CONSTANTIN MAUROCORDATO III.
1744-1747. — JEAN II MAUROCORDATO IV.

1747-1748. — Grégoire Ghica III.
1748-1749. — Constantin Maurocordato III.
1749-1753. — Constantin Racovitza II.
1753-1756. — Mathieu Ghica IV.
1756-1757. — Constantin Racovitza II.
1757-1758. — Charles Ghica V.
1758-1761. — Jean Callimaki I.
1761-1764. — Grégoire Callimaki II.
1764-1767. — Grégoire Alex. Ghica VI.
1767-1769. — Grégoire Callimaki II.
1769   — Constantin Maurocordato III.
1769-1774. — Interrègne. Guerre. Occupation russe.
1774-1777. — Grégoire Alex. Ghica VI.
1777-1782. — Constantin Mourouzi I.
1782-1785. — Alexandre Maurocordato V (Deli-Bey).
1785-1786. — Alexandre II Maurocordato VI (Firar).
1786-1787. — Alexandre Ypsilanti II.
1787-1792. — Interrègne. Guerre. Occupation russe.
1792-1793. — Alexandre Mourouzi II.
1793-1795. — Michel Soutzo I.
1795-1799. — Alexandre Callimaki III.
1799-1800. — Constantin Ypsilanti II.
1800-1802. — Alexandre Soutzo II.
1802-1806. — Alexandre Mourouzi II.
1806-1812. — Interrègne. Guerre. Occupation russe.
1812-1819. — Charles Callimaki IV.
1819-1821. — Michel Soutzo I.

Donc 6 Maurocordado, 5 Ghica, 4 Callimaky, 3 Racovitza, 2 Mourouzy, 2 Soutzo, 2 Ypsilanti, 2 Caragea, 1 Kantémyr, 1 Hangerli, 1 Brancovan et 1 Mavrogheni, c'est-à-dire 30 princes pour un siècle, avec, en plus, 3 interrègnes et 3 occupations russes, 1 occupation autrichienne partielle, soit 37 gouvernements différents en cent ans, ce qui donne une moyenne de deux ans par gouvernement, c'est-à-dire presque la durée éphémère d'un portefeuille ministériel actuel.

Voici maintenant un exemple des chassés-croisés inventés par les Turcs, par deux princes à la fois en 40 ans :

Années	Pays	Princes
1727-1733..	Moldavie..	GRÉGOIRE GHICA III.
1730 (3 sept-6 oct.).	Valachie..	CONSTANTIN MAUROCORDATO III.
1731-1733.	Moldavie..	GRÉGOIRE GHICA III.
	Valachie..	CONSTANTIN MAUROCORDATO III.
1733-1735.	Moldavie..	CONSTANTIN MAUROCORDATO III.
	Valachie .	GRÉGOIRE GHICA III.
1735-1741.	Moldavie..	GRÉGOIRE GHICA III.
	Valachie..	CONSTANTIN MAUROCORDATO III.
1741-1744.	Moldavie..	CONSTANTIN MAUROCORDATO III.
	Valachie..	MICHEL RACOVITZA I.
1744-1747..	Moldavie..	JEAN II MAUROCORDATO IV.
1744-1748..	Valachie..	CONSTANTIN MAUROCORDATO III.
1748-1749..	Moldavie..	CONSTANTIN MAUROCORDATO III.
1748-1752..	Valachie..	GRÉGOIRE CHICA III.
1749-1753..	Moldavie..	CONSTANTIN RACOVITZA II.
1752-1753..	Valachie..	MATHIEU GHICA IV.

1753-1756.	{ Moldavie..	MATHIEU GHICA IV.
	Valachie..	CONSTANTIN RACOVITZA II.
1756-1757..	Moldavie..	CONSTANTIN RACOVITZA II.
1756-1758..	Valachie..	CONSTANTIN MAUROCORDATO III.
1757-1758..	Moldavie..	CHARLES GHICA V.
1758-1761..	Valachie..	CHARLES GHICA V.
1758-1761..	Moldavie..	JEAN CALLIMAKI I.
1761-1763..	Valachie..	CONSTANTIN MAUROCORDATO III.
1761-1764..	Moldavie..	GRÉGOIRE CALLIMAKI II.
1763-1764..	Valachie..	CONSTANTIN RACOVITZA II.
1764-1767..	Moldavie..	GRÉGOIRE ALEX. GHICA VI.
1764-1765..	Valachie..	ÉTIENNE RACOVITZA III.
1766-1769..	Moldavie..	GRÉGOIRE CALLIMAKI II.
1765-1766..	Valachie..	CHARLES GHICA V.
1766-1768..	Valachie..	ALEXANDRE GHICA VII.
1769.......	Moldavie..	CONSTANTIN MAUROCORDATO III.
1768-1769..	Valachie..	GRÉGOIRE AL. GHICA VI.

Voici enfin un troisième tableau, celui des dix ans
de règne de Constantin Maurocordato III, qui nous
éclaire pour les soubresauts des règnes d'un seul
prince :

1730 (3 sept.-6 oct.).	en Valachie	(premier règne).
1731-1733.........	en Valachie	(deuxième règne).
1733-1735.........	en Moldavie	(troisième règne).
1735-1741.........	en Valachie	(quatrième règne).
1741-1744.........	en Moldavie	(cinquième règne).
1744-1748.........	en Valachie	(sixième règne).
1748-1749.........	en Moldavie	(septième règne).

1756-1758......... en Valachie (huitième règne).
1761-1763......... en Valachie (neuvième règne).
1769............... en Moldavie (dixième règne).

Ces trois tableaux typiques nous permettent de comprendre clairement, non seulement les chassés-croisés des princes des Pays Roumains entre eux, mais encore les sauts d'un seul et même prince d'un pays à l'autre, par conséquent tout l'odieux du système inventé par les Turcs.

De ces princes, les plus grands furent incontestablement les suivants : *Constantin Brancovan*, diplomate habile et souple, martyr de la cause nationale, *Nicolas Maurocordato*, érudit et philosophe, administrateur éclairé, *Constantin Maurocordato*, réformateur, penseur, sage et prudent, émancipateur et bienfaiteur du peuple, *Alexandre Ypsilanti*, administrateur habile, prince lettré, *Grégoire Alexandre Ghika VI*, patriote zélé, administrateur excellent, nature éminemment droite, martyr de la cause nationale, *Charles Callimaki*, caractère noble et doux, esprit éclairé qui attacha son nom à une œuvre juridique remarquable. Ces noms et les œuvres de ces hommes me dispensent d'insister sur l'absurde reproche fait en bloc à l'époque phanariote d'avoir été par eux oppressive, obscurantiste, etc. ; bien au contraire, l'ère phanariote fut en général, malgré les Turcs, une ère intellectuelle, éclairée et soucieuse d'améliorer l'état social du peuple roumain, ceci soit dit sans froisser les susceptibilités exagérées de certains chauvins de parti pris. Je pense avoir assez donné de preuves de mon nationalisme roumain pour ne pas être taxé de panégyriste des Phanariotes, dont l'histoire impartiale est d'ailleurs encore à faire.

Des six princes susnommés, le plus grand à mes yeux, fut Constantin Maurocordato, au sens vraiment roumain. C'est à lui que l'on doit cet acte honorable et mémorable : « l'émancipation des paysans ». Né et élevé sur le sol roumain, fortement attaché aux mœurs et aux coutumes, aux habitudes et au climat du pays, Constantin Maurocordato, nature réfléchie, prudente, esprit cultivé, animé du désir de faire le bien, soucieux du sort de la basse classe, attaché dans sa vie intérieure à la simplicité des mœurs, à la frugalité, à la sobriété, au respect de la religion du pays, habitué dès sa jeunesse à étudier et à connaître de près les vrais besoins du peuple, élevé au trône par la voie traditionnelle et abandonnée de l'élection, parlant la langue roumaine avec les siens, il exigea, à son avènement, des fonctionnaires et des prêtres, la connaissance de cette langue et son application à l'administration et au culte. Nous en avons un garant dans la *Condica* ou Registre qui concerne l'abolition du servage en 1749 et tous les actes de ses règnes. Un historien roumain, M. Jorga, a prétendu que Constantin Maurocordato puisa ses idées réformatrices et humanitaires dans l'œuvre de l'Encyclopédie française. C'est une erreur manifeste. D'abord l'Encyclopédie parut pour la première fois à Neuchâtel de 1752 à 1772, donc débuta douze ans après la première « constitution » de Constantin Voda (laquelle était de 1740, traduite et publiée en français dans le *Mercure de France* l'année suivante par les soins de l'abbé

Desfontaines, l'ennemi de Voltaire et des Encyclopédistes), tandis que la seconde c̆hrysobulle, définitive,
est de juin 1749, et qu'enfin la publication de l'Encyclopédie s'acheva en 1772, après la mort de Constantin Voda, survenue dès 1769. Cette chrysobulle de
1749 fut promulguée après étude de l'état des choses
faite sur place, après une réunion plénière du
clergé, de la noblesse et du peuple, le jeudi
6 avril, après Pâques, à Jassy, à l'église des Trois
Hiérarques, réunion dans laquelle il fut unanimement, publiquement et solennellement reconnu qu'il
n'y avait *jamais eu* d'anciens esclaves (*robi*) paysans,
mais seulement des serfs (*vecini*) du sexe masculin,
astreints à une corvée ou service (*slujba*) de 24 jours
par an, moyennant une redevance ou dîme, paiement pour son travail (*lucru*). Ainsi il n'y a là rien
de l'Encyclopédie, et il faut laisser à Constantin
Maurocordato tout l'honneur et toute la gloire d'avoir
accompli le premier (après les actes de 1639 concernant la langue roumaine de Mathieu Bassaraba
et Basile le Loup), cette œuvre libérale de régénération nationale des Roumains par l'acte d'émancipation
des paysans de 1749, suivi plus tard : de la révolution
nationale de 1821 avec Tudor Vladimirescul, de
l'abolition de l'esclavage en 1844 par le prince Michel
Sturdza, de l'union des principautés en 1856, de la
loi rurale d'Alexandre Couza en 1864, de la déclaration de l'indépendance nationale en 1877 et de la proclamation en 1884 de la royauté roumaine une, indéfectible et héréditaire en la personne du Roi
Charles Ier, qui a voulu, su et pu acheminer sagement la Roumanie dans la voie du progrès et l'imposer

à l'Europe, comme un facteur éminemment civilisateur en Orient, facteur équilibré et équilibrant.

Tel est l'aspect intérieur des Pays Roumains au xviii⁰ siècle; voyons maintenant l'aspect extérieur.

Mesdames, Messieurs,

Ainsi que je l'ai dit tout à l'heure, la caractéristique du xviii⁰ siècle dans les Pays Roumains fut l'aptitude au rôle diplomatique des princes qui les gouvernèrent, ainsi que le rôle et l'immixtion de la diplomatie européenne dans les affaires intérieures autant qu'extérieures de ces pays. Nous aborderons ainsi maintenant, en cette leçon d'ouverture, le sujet particulier que j'ai réservé pour aujourd'hui et qui sera pour ainsi dire la synthèse, la caractéristique propre de ce siècle d'histoire, le trait particulier de cette époque : *La diplomatie européenne et les Pays Roumains au* xviii⁰ *siècle*. Il faut remarquer dès l'abord que, dès le milieu du xvii⁰ siècle, les princes des Pays Roumains eurent la tendance à faire appel aux puissances étrangères dans certaines questions, même d'ordre purement intérieur ; d'autres princes se mirent tantôt du côté des Turcs, ou des Polonais, ou des Allemands, ou des Moscovites, dans diverses questions politiques ; quelques-uns furent pour ainsi dire obligés parfois de jouer un jeu dangereux de bascule, sans pour cela craindre au besoin de protester énergiquement parfois (comme le fit au début Constantin Brancovan au Congrès de Karlowitz de 1699) contre certaines tentatives d'accaparement des voisins.

En outre, au XVIIIe siècle, les guerres deviennent moins sauvages, moins féroces, et elles céderont souvent le pas, avant comme après, aux négociateurs. Dorénavant la diplomatie remplacera de plus en plus le glaive dans les affaires des principautés roumaines ; la parole ou l'écrit remplaceront le geste ; les compétitions au trône prendront un caractère d'intrigues de chancellerie ou d'échange de papiers. Deux des plus remarquables de ces princes diplomates roumains, *Sherban Cantacuzène* et *Constantin Brancovan*, payeront tous deux très cher leur rêve de gloire et de suprématie, car l'un, *Cantacuzène*, meurt mystérieusement empoisonné, et lorsque la tête de l'autre, *Constantin Brancovan*, roula sur l'échafaud turc de Constantinople, l'indépendance des Roumains du passé rendit avec lui son dernier soupir. C'est précisément sous le règne de ces deux princes que la diplomatie autrichienne et la diplomatie française entrèrent comme facteurs importants dans l'évolution historique des Pays Roumains. Presque parallèlement, la diplomatie moscovite qui, sous l'égide de *Petriceïco Voda* (1672-1674), avait pénétré en Moldavie, se manifesta d'une façon active sous l'impulsion un peu brouillonne du prince *Demetrius Cantémyr* (1711) et devint de plus en plus un facteur prépondérant dans les affaires roumaines, à côté des menées, d'abord sourdes, puis ouvertes, des Grecs, qui se placèrent habilement sous la protection moscovite, en donnant dès lors ainsi à celle-ci un prétexte plausible à sa perpétuelle immixtion dans les questions carpatho-balkaniques, non seulement pour abriter sous son aile leur rêve d'émancipation hellénique, mais la réalisation même de la régénération grecque en 1822, après l'essor de la révolution nationale des Roumains en 1821.

Des princes Phanariotes, quelques-uns se montrèrent particulièrement doués du sens diplomatique, depuis Constantin Brancovan, jusqu'à Charles Callimaki, en passant par Jean Ier Maurocordato II, Grégoire Ghika III, Constantin Maurocordato III, Alex. Ypsilanti, Alexandre Ier Maurocordato Deli Bey, Alexandre II Maurocordato Firar, Grégoire Alexandre Ghika VI, Grégoire Callimaki IV.

Les guerres du xviiie siècle, qui touchent directement ou indirectement les Pays Roumains furent : celle de 1716 entre la Turquie et l'Autriche, de 1736 entre les mêmes pays, de 1739 entre la Turquie et la Russie, de 1769 à 1774 entre la Russie et la Turquie et de 1787 à 1812 entre les deux mêmes nations. Les congrès, traités et conventions du xviiie siècle qui concernent plus ou moins ouvertement le sort des Pays Roumains furent : ceux de Karlowitz (1699), du Pruth (1711), de Passarovitz (1718), de Belgrade (1739), de Focsani (1772), de Kuciuk-Kaïnardji (1774), de Jassy (1792) et de Bucarest (1812). Enfin les prouesses qui distinguèrent la diplomatie européenne à l'égard des Roumains furent : le rapt de l'Olténie en 1718 par l'Autriche, le rapt de la Bucovine en 1776 par l'Autriche, le rapt de la Bessarabie en 1812 par la Russie, sans insister sur cet acte monstrueux qui porta le nom de partage de la Pologne de 1772, lequel ne touche les Roumains que par ce fait qu'il leur était parfois « signalé » comme une menace ou une leçon, ce partage qui lia, dit Alfred Rambaud, les « copartageants, pour longtemps, comme par une solidarité de complices ».

Nous avons vu que le traité de Karlowitz de 1699 marqua, comme conséquence des désastres militaires des Ottomans au Saint-Gothard, à Vienne, à Salankenen, à Zenta et à Mokocz, le premier recul matériel et moral de l'Islam européen. Nous verrons que ce recul ne fera que s'aggraver successivement pendant le xviiiᵒ siècle et suivra une même marche déclinante jusqu'à l'heure actuelle où l'empire des Mahomet et des Soliman semble voué à une irrémédiable *delenda Carthago*, à une prochaine dissolution. Le sort des Pays Roumains fut pendant tout ce temps intimement lié à celui de la Turquie, et ce sont eux qui payèrent en grande partie, par la perte de territoires importants, les fautes des Turcs — et non pas des Phanariotes, victimes du sort tout comme les Roumains — l'impéritie de gouvernement des sultans et de leurs grands vizirs. Dès 1718, donc dès le Congrès de Passarovitz, cette situation précaire des Pays Roumains se dessine et ira en s'accentuant de plus en plus, malgré l'habileté diplomatique des princes phanariotes.

En effet, en 1718, la situation était pénible pour les deux partis et principalement tendue, car si la Turquie était épuisée sous tous les rapports, et que le sort des provinces danubiennes devenait précaire, après la perte de la Hongrie et de Belgrade, l'Autriche elle-même n'était pas moins fatiguée par cette nouvelle guerre turque succédant aux autres guerres turques du siècle dernier et à quatorze ans de guerres françaises. Chose singulière, à Passarovitz comme à Karlowitz, l'enjeu

secret de la querelle diplomatique et l'objet des convoitises générales étaient *toujours les Pays Roumains*
qui, cette fois-ci, se trouvaient en plus grand péril,
après la chute de Nicolas Maurocordato et malgré la
valeur diplomatique de Jean I Maurocordato égale à
celle du prince Constantin Brancovan. Les Allemands,
comme les Turcs, voulaient obtenir la Valachie, les
premiers à titre *d'acquisition* et les seconds à titre de
maintien. Les boyards valaques insistaient de toute
leur force, pour que le pays ne restât plus sous l'autorité des Turcs. Dans la cinquième séance du Congès
de Passarovitz, les plénipotentiaires allemands com-
mencèrent, au grand étonnement des plénipotentiaires
ottomans, par renouveler la demande qu'ils avaient
faite antérieurement à Karlovitz, celle de « partager »
la suzeraineté sur les deux provinces roumaines avec
la Turquie, moyen indirect de se substituer à leur
autorité. Le sultan s'y étant opposé de toutes ses
forces, les plénipotentiaires allemands demandèrent
la pleine « cession » de toute la Moldavie et de toute
la Valachie ; le Divan turc, dans son vif désir de garder
la paix, chargea ses négociateurs de céder toute la
Munténie. C'est sur ce point précis que s'exerça l'habileté diplomatique du prince Jean I Maurocordato qui
savait que l'Autriche, ennuyée de la tournure qu'a-
vaient prise les affaires italiennes, désirait également
conclure la paix; il pensa ainsi éviter l'annexion définitive de toute la Valachie à l'Autriche, et pesa
en conséquence sur les résolutions finales du traité
de Passarovitz afin que la Turquie ne cédât à l'Autriche
que la petite Valachie ou Olténie, ce par quoi nous
pensons que Jean I Maurocordato rendit service à la

cause roumaine, en sauvant au moins la plus grande partie du territoire valaque.

A la suite de la guerre qui éclata en 1736 entre la Porte, la Russie et l'Autriche, les Pays Roumains passèrent de nouveau par de rudes épreuves. La mort du prince Eugène de Savoie avait donné comme un réveil à la Turquie et la diplomatie européenne eut fort à faire dès cette époque. Il faut remarquer qu'à ce moment, le prince Constantin Maurocordato joua plus ou moins directement un rôle important, par les facilités qu'il accorda au rapprochement de la Sublime Porte et de la France, dont la médiation, malgré toute l'habileté de Villeneuve, échoua, parce qu'elle se heurta au fanatisme musulman surexcité par les succès de la guerre autant que par la jalousie des puissances maritimes. Nous estimons que le point de départ de cet épilogue doit être pris plus haut, et nous pensons le trouver dans les conséquences mêmes du traité de Karlovitz de 1699. En effet, d'un côté l'Autriche s'appliquait à l'organisation des Confins sur la frontière des pays obtenus depuis ce traité, ce qui devait la mettre en appétit de pousser son ambition plus loin; d'un autre côté, la guerre de Pologne eut un épilogue par l'installation à Varsovie d'un prince qui prenait le mot d'ordre à Pétersbourg et à Vienne simultanément et enfin, d'un autre côté encore et plus spécialement, la Russie poursuivait un but invariable, celui de déchirer l'humiliant traité du Pruth (de 1711), dû, nous le savons, à l'impéritie et aux fanfaronnades du prince Demétrius Cantémyr), et de s'ouvrir un accès sur la mer Noire et les mers du Levant, pour satisfaire à cet instinct intérieur qui a toujours poussé la Russie vers la mer, instinct que l'Autriche ne tardera pas à imiter de plus en plus de nos jours. Tel nous semble être le véritable point de départ originaire de ce conflit, autant que le désir légitime des Turcs de reprendre leur ascendant, ce à quoi ils ne pourront pas réussir, vu, cela nous paraît certain, qu'alors déjà les hommes d'Etat russes et autrichiens avaient décidé la mutilation de l'empire ottoman et s'y préparaient.

Dans son désarroi, la Porte Ottomane sonda les intentions de l'Autriche, et le grand vizir écrivit à tout le monde, à l'empereur Charles VI, au cardinal Fleury, au roi d'Angleterre, au stathouder des Pays-Bas, à la Sérénissime République de Venise même; mais ces lettres étaient fort dignes et fort bien rédigées, avec adresse, prudence et politesse par les grands dragomans grecs de la Sublime Porte ottomane, qui étaient alors Alexandre Ghika et Jean Callimaki. L'empereur d'Autriche proposa sa médiation. mais comme il était d'accord en sous-main avec la Russie, il s'avisa d'imposer à la Porte de dures conditions, circonvenu par la Russie et par l'ambition de la tzarine Anne, et malgré les avertissements donnés par la France par l'intermédiaire du comte pacha de Bonneval.

L'offre de médiation de l'empereur d'Autriche flatta les Turcs. Mais le vizir Esséid-Mohammed fit la sourde oreille aux paroles de Bonneval; d'ailleurs la politique française oscilla constamment en Orient à ce moment-là et il fallut l'action énergique et habile du marquis de Villeneuve pour la faire prendre pied et triompher. C'est alors que se dessina et se précisa de plus en plus dans les cabinets européens le principe turc de « l'intégrité de l'empire ottoman », qui finit par devenir et demeurer jusqu'à aujourd'hui un dogme scabreux de la diplomatie européenne, dogme qui coûta fort cher aux malheureux Roumains, lesquels payèrent les pots cassés des querelles turques, par le dépouillement successif de leur territoire ancestral, en vertu précisément de ce fameux principe de « l'intégrité de l'empire ottoman ». Car les Turcs, en considérant et en faisant considérer les pays Roumains comme « partie intégrante » de leur empire (ce qui était faux et erroné), donnèrent prise aux autres puissances pour se tailler des parts de « compensations » et « d'échanges », sur le dos des Pays roumains, dépouillés, déchirés et mutilés, sous couleur de « territoires turcs ».

La guerre de 1737 éclata à la grande joie de Villeneuve, qui manœuvra si bien que cette campagne, finissant mal pour l'Autriche et assez bien pour la Russie, permit au diplomate français de se poser et d'agir en médiateur. Le traité de Belgrade du 1er septembre 1739, onéreux et honteux pour l'Autriche, malgré Neipperg, qui le paya de la prison, força l'Autriche à restituer à la Turquie tout ce que lui avait concédé le traité antérieur de Passarovitz, et pendant que le maréchal Münnich pénétrait en « libérateur » dans la ville de Jassy, la principauté de Valachie se voyait restituer l'Olténie, que les boyards eux-mêmes et le peuple, las des Allemands, exultaient de voir rentrer sous l'hégémonie ottomane ! Remarquons que les frontières plus orientales de l'Autriche sont restées jusqu'en 1878 (c'est-à-dire jusqu'au Congrès de Berlin) telles que les fit le traité même

de Belgrade, sauf une légère rectification opérée
par le traité de Sistovo de 1791. Après cette victoire
diplomatique, le marquis de Villeneuve revint triom-
phant à Constantinople et, glorifié pour ses prouesses,
il obtint des Turcs le renouvellement des Capitulations. L'état de fait de 1740, observe à ce sujet
Rambaud, « devint ainsi l'état de droit ». Ajoutons
que, rappelées dans les traités conclus de nos jours
avec la Sublime Porte, les Capitulations de 1740
demeurent encore aujourd'hui la loi des Français dans
l'Empire Ottoman.

Le temps qui s'était écoulé de 1656 à 1764 avait vu
d'abord une révolution complète dans le système
fédératif de l'Europe, ensuite le résultat que nous
avons signalé de la mort d'Auguste III de Pologne
en 1763 et ses conséquences, enfin après, le rôle du
marquis de Vergennes, personnage adroit et pratique, mais honnête, qui amena le fameux manifeste
du 30 octobre 1768, lancé par la Sublime Porte
ottomane sur ses instigations et qui déclarait cette
chose fantastique que « les Turcs prenaient les
armes pour défendre l'indépendance de la Pologne ».
L'arrestation du résident russe signifia, d'après le
droit des gens coutumier à la mentalité ottomane,
la forme solennelle de la déclaration de guerre,
événement qui surprit et déconcerta tout le monde :
les Turcs qui l'avaient fait, les Russes qui l'avaient
provoqué, les Français qui l'avaient suscité, les
Prussiens qui l'avaient déconseillé, les Autrichiens
qui n'avaient pas cessé de le redouter; les Anglais
mêmes qui prétendaient y rester indifférents, les Pays
Roumains qui n'y pouvaient mais, et qui payèrent très

cher, presque aussi cher que la Pologne, « le droit de ne pas avoir d'opinion » et l'obligation de subir tous les contre-coups de la politique européenne en Orient.

Le grand Frédéric tenait dans sa main tous les fils de l'intrigue de février à mai 1769 et il comptait bien faire manœuvrer les marionnettes à son goût, en laissant les Turcs, qui décidément devenaient de plus en plus naïfs, tirer les marrons du feu, instigués par les Français tout aussi naïfs. En effet, les Turcs se chargèrent aveuglément de mettre tout le monde d'accord, c'est-à-dire tout le monde en branle et de fournir les occasions de la guerre. Le calcul de Frédéric II était juste, car il allait au-devant du désir secret des Russes, rouler les Français et accabler les Turcs, à la grande joie de Voltaire, qui se mit à chanter : *Allah, Catharina !* et à danser quand il apprit la déclaration de la guerre, en s'imaginant que l'impératrice Catherine serait « la triomphatrice de l'empire ottoman et la pacificatrice de la Pologne », comme il dit dans sa lettre à Catherine II du 30 octobre 1749. L'entrevue de Frédéric II et de l'empereur Joseph II d'Autriche à Neisse en août 1769, menée dans le plus grand secret (d'autant plus secret que l'empereur d'Autriche était franc et rempli de candeur et le roi de Prusse fourbe et cauteleux) avait cependant éveillé quelque inquiétude dans l'esprit de la tzarine.

Les victoires des Russes, réelles sans la littérature de Voltaire et de Catherine II, avaient mis en émoi toute la diplomatie européenne. Ce fut parce que, comme observe à ce sujet Albert Sorel, « la question d'Orient était désormais posée ». En effet, il s'agissait de savoir d'un côté si l'Angleterre, qui ne professait pas encore le dogme de « l'intégrité de l'empire ottoman », continuerait cette même politique, et d'un autre côté si la France aurait quelque velléité d'action, si on laisserait les Russes s'établir sur le Danube, ce qui froissait l'amour-propre des Autrichiens, lesquels cependant prenaient leurs précautions, comme toujours, en complétant leurs armements en Transylvanie et faisaient, poussés aussi par Frédéric II, une offre très nette de médiation pratique à la Turquie qui était à bout de force; la conclusion de la paix paraissait donc devoir s'annoncer, parce que au fond tout le monde voulait savoir si l'empire turc serait démembré à ce moment-là.

Cette médiation de l'Autriche fut précédée de l'entrevue de Neustadt de septembre 1770 où l'empereur d'Autriche et le roi de Prusse se rencontrèrent, sous les auspices de Kaunitz, dont la mémorable duplicité eut à lutter avec la fourberie de Frédéric le Grand. Kaunitz insinuait que les Russes « se contenteront » de la Crimée, d'Azof et de « l'indépendance » de la Moldavie et de la Valachie. Frédéric II accepta d'abord l'idée, s'y enferra, admit que l'Autriche devrait les appuyer de tout son poids en faveur des Turcs, et alors Kaunitz pensa rire intérieurement de cette politique du roi de Prusse qu'il tenait pour « peu lumineuse, très petite et très inconséquente ». Mais le diplomate autrichien se berçait d'un vain espoir lorsqu'il se figurait avoir conduit Frédéric II à faire un pas de clerc. Ce dernier était aussi impatient de prévenir le fait accompli que la tzarine était désireuse de l'opposer aux médiateurs. Ici le fait accompli voulait dire une entente directe entre la Russie et la Turquie. Pendant que ces raffinements de diplomatie alarmaient l'impératrice Marie-

Thérèse et froissaient sa conscience, vu qu'elle tenait sincèrement à l'alliance française, elle s'avisa de vouloir renoncer à la médiation, cependant que Kaunitz qui possédait l'art d'endormir les scrupules, glissait de plus en plus sur la pente scabreuse des équivoques. Les dernières victoires des Russes de décembre 1770 déterminaient Catherine II à écrire au roi de Prusse qu'entre autres choses, elle voulait le maintien des principautés de Moldavie et de Valachie sous la domination russe pendant vingt-cinq ans, « à titre d'indemnité! », ce que Frédéric II n'admit pas, par esprit de simple contradiction. L'amusant dans toute cette affaire c'est que Marie-Thérèse croyait à «l'honnêteté» et à « la candeur » de Kaunitz, ce diplomate retors qui avait su capter sa confiance; en plus, elle était bernée par Frédéric le Grand, qui apprit à Kaunitz, à ses dépens, ce que signifiait « la politique à la prussienne ». En effet, c'est à ce moment précis que se tramèrent les préliminaires et les ouvertures du partage de la Pologne, qui fut exécuté l'année suivante (1772). Les événements militaires, poussés par la constance et l'audace du maréchal Roumiantzoff, amenèrent la fin de cette guerre qui durait, « entre borgnes et aveugles », depuis cinq ans.

C'est le 21 juillet 1774 que fut signé le traité de Kuciuk-Kaïnardji, la première et la plus célèbre des grandes transactions entre la Russie et la Porte. C'est le point de départ, observe Albert Sorel, la pièce fondamentale « du long procès coupé d'intermèdes sanglants « qui devait après un siècle d'efforts conduire les sol-« dats du tzar aux portes de Constantinople ». En outre, observe à ce sujet Alfred Rambaud : «le démem-

« brement de la Pologne, en satisfaisant d'âpres con-
« voitises, permit de réduire les proportions qu'avait
« menacé de prendre celui de la Turquie. » Catherine II ayant dû abandonner la majeure partie de ses
prétentions, l'œuvre de pacification, qui avait échoué
au congrès de Focsani (1772) et de Bûcarest (1773), put
réussir à celui de Kuciuk-Kaïnardji (1774). L'article 16
concerne les principautés roumaines, en faveur des-
quelles la Russie, étendant sur ces dernières « sa main
protectrice », stipule plusieurs conditions, telles que
l'amnistie générale pour tous les Roumains qui se
seraient compromis vis-a-vis de la Porte, le libre
exercice du culte chrétien, le terme d'une année
pour les Roumains qui désireraient quitter leur patrie,
l'exemption de payement du tribut pour toute la durée
de la guerre, ainsi que pour deux autres années à venir.
Le paragraphe 8 de cet article contenait une stipulation
importante, celle de l'abolition de tous les « cadeaux
extraordinaires » que les Turcs exigeaient des Moldo-
Valaques, en dehors du tribut. Le paragraphe 9 stipu-
lait, pour les principautés roumaines, le droit d'avoir
chacune un chargé d'affaires à Constantinople, qui,
« nonobstant son peu d'importance, sera considéré
comme personne jouissant du droit des gens, c'est-
à-dire à l'abri de toute violence ». Et enfin le paragraphe 10 confirmait « le protectorat » des Russes sur
les Pays Roumains, par le droit que les Russes se réser-
vaient de « parler en leur faveur, la Porte promettant
« de les écouter avec les égards qui conviennent à des
« puissances amies et respectées ». En outre, la Porte
promettait (art. 7) « de protéger constamment la religion chrétienne et ses églises », reconnaissait (art. 8)

aux sujets russes la liberté de pèlerinage dans l'empire ottoman, autorisait la cour de Russie (art. 14) à faire bâtir à Constantinople une église du rite grec, qui devait être toujours sous sa protection, enfin permettait (art. 7) à cette puissance de lui « faire, dans toutes les occasions, des représentations », tant en faveur de cette église que de ceux qui la desserviraient.

Néanmoins, la Russie fut jouée et se décida, bien que difficilement, à « abandonner ses plans sur les Pays Roumains, en échange de l'amitié de l'Autriche ». Or l'Autriche voulait se substituer à la Russie dans la possession de ces pays ; mais, comme elle ne pouvait le faire pour le tout, elle se contenta d'une partie, la Bucovine, région de la Moldavie supérieure. Afin d'arriver à son but, l'Autriche agit avec une prudence consommée. Elle ne voulut pas commencer son action avant que le maréchal Roumiantzoff n'eût quitté la Moldavie. Aussi Kaunitz donnait-il à Thugut les raisons pour lesquelles « l'Autriche n'avait pas mis la main sur le district en question pendant la guerre même » ; elle ne voulait surtout pas englober ce district dans le partage de la Pologne, — la grosse question qui se débattait à la même époque entre l'Autriche, la Russie et la Porte, — et dans les discussions au sujet de « l'équivalent » des lots de partage. L'historien Louis Léger estime fort à tort, selon nous, que ce qu'il appelle « l'acquisition » de la Bucovine fut « la conséquence de la guerre » et que les territoires envahis par l'Autriche pendant cette guerre étaient « nécessaires à l'Autriche pour faire communiquer entre elles la Galicie et la Transylvanie afin d'empêcher les désertions des soldats ». Prenons les

choses *ab ovo* et éclairons d'une lumière définitive
cette triste affaire du rapt de la Bucovine. Observons
d'abord avec Albert Sorel que dans les questions de
prise du territoire, les Autrichiens, plus cultivés que
les Turcs : « s'inspiraient (comme dit l'éminent histo-
« rien) des exemples du Bas-Empire. Ils délimitaient
« gravement et minutieusement, plantaient, déplan-
« taient et replantaient leurs aigles, fouillaient les
« archives, compilaient et placardaient de méthodi-
« ques déductions de leurs titres et *droits anciens,*
« verbalisaient, dressaient des protocoles, signaient
« des passeports, instrumentaient, rendaient la justice
« et paraient d'un long titre en latin juridique, l'agent
« chargé de relever les contributions et d'appliquer
« aux districts réincorporés et occupés le rude et
« rigoureux gouvernement des Etats héréditaires de
« l'Autriche ». Tout ceci se passait comme d'ailleurs
le grand Frédéric en usait tout crânement « à la
« prussienne » et ne perdait pas un temps inutile à
se donner des « apparences de légalité ». Enfin n'ou-
blions pas que dès le mois de juin 1773, l'empereur
Joseph II parcourait ses nouveaux territoires polonais,
et tout en cherchant les *bagatelles* qu'il pourrait encore
arracher aux Polonais pour donner son vrai prix à
l'œuvre du partage, il songeait déjà aux territoires
turcs qui pourraient être « à la convenance » de l'Autriche. Après avoir examiné les lieux, il jeta son
dévolu sur le pays situé aux sources du Sereth et du
Pruth, avec Czernovitz pour capitale et qu'on appelle
la Bucovine : « Je crois », écrivait-il, « que militai-
« rement et politiquement cela vaudrait au moins la
« Valachie cisleithane. » Ce voyage impérial en un

pays que l'on avait pris, mais que l'on ne s'était pas encore fait céder, cet empressement de se montrer aux gens que l'on venait de dépouiller, cette ardeur à convoiter de nouvelles conquêtes désolaient d'ailleurs la très sensible Marie-Thérèse, qui, nous le savons, avait les larmes faciles.

Or les motifs de « l'annexion », car il y eut des motifs, furent des plus singuliers. L'Autriche commença par convaincre les trop naïfs Turcs de *certains droits* et de « certaines nécessités utiles », puis s'efforça avec moins de succès au début même d'attirer aussi les Russes de son côté en leur démontrant que « par « la prise de la Bucovine on exercerait sur la Porte une « pression de tous points favorable aux intérêts russes « et que celle-ci serait plus tôt réduite à conclure avec « la Russie une paix conforme à ses vœux ». Parmi les raisons données à la Porte, il y avait celle « qu'une « partie de la Moldavie avait jadis appartenu à la Po- « dolie désormais possession autrich'enne ». Or c'était là un mensonge flagrant, car la Bucovine est un pays roumain, de temps immémorial ; c'est là que se trouvent les châteaux et les champs de batailles de leurs anciens princes, la ville de Suceava, la capitale primi- tive, la « Dumbrava rosie » (forêt rouge) de Stéphane le Grand, le saint monastère de Putna, où se trouve la sépulture de ce prince mémorable.

Le « clou de l'opération » (suivant le mot même de l'empereur d'Autriche) fut le suivant. En vertu des soi-disant « droits » qu'elle invoquait, l'Autriche, qui s'était emparée de prime abord de la Bucovine, con- vaincue « qu'une prise de possession immédiate serait bien plus facile à faire valoir que d'obtenir une cession de la part des Turcs », profita habilement de la complète ignorance des Turcs en matière de géographie. Le cabinet de Vienne envoie à la Porte une carte falsifiée à dessein et dans laquelle la Bucovine ne figurait que comme un lambeau « insignifiant » des territoires. Or, le territoire en question comprenait environ cent quatre-vingt-neuf milles carrés, quatre bourgs, deux grandes villes et une soixantaine de villages, outre qu'il était fort important au point de vue stratégique. Voyant le péril qui les menaçait, les boyards moldaves envoyèrent, par l'entremise de leur prince Grégoire Alexandre Ghica VI une plainte très ferme, rédigée par eux, mais remaniée ensuite par le fourbe maréchal Roumiantzof (fourbe malgré la tabatière autrichienne et les six mille ducats, sans compter les nombreux diamants qui entouraient la tabatière. Cette protestation fut inutile et mal prise; on passa outre et le malheureux prince Ghica paya cette « maladresse patriotique » de sa propre tête, car la Porte ottomane le fit saisir et assassiner avec le même sans-gêne odieux dont elle avait déjà donné tant de preuves. Il faut saluer le prince Ghika, comme un martyr de la cause nationale roumaine.

Il serait néanmoins injuste de considérer ce rapt inique de la Bucovine comme un acte d'hostilité voulue de l'empereur Joseph II contre les Moldaves, contre les Roumains eux-mêmes. Je le répète, c'était là une conséquence du fameux principe « diplomatique », inventé par les Turcs, de « *l'intégrité de l'empire ottoman* », dont les Pays Roumains faisaient partie « intégrante » d'après eux. La « diplomatie » européenne, dont Kaunitz fut, au XVIIIe siècle, la plus haute incarnation avec Frédéric II, joua habilement sur ce thème *intègre*, et l'Autriche dépouilla les Pays Roumains en 1777 (tout comme le fera en 1812 la Russie) en leur arrachant un lambeau de cet empire ottoman, pour « *l'intégrale* » conservation duquel la diplomatie européenne s'est donné tant de mal jusqu'à nos jours même.

Au fond, j'en suis convaincu, l'empereur Joseph II n'était pas hostile aux Roumains. Son voyage de 1773 en Transylvanie, suivi de son édit de tolérance envers les Transylvains en 1780, de son second voyage de 1783, de son édit de 1785 et de son *Urbarium* de 1790, pour la suppression du servage, en sont les preuves. Ainsi donc, la terrible révolution de Horia en Transylvanie (1784-1785) fut dirigée contre les Hongrois et non pas contre l'Autriche. Nous consacrerons à l'historique de cette révolution une leçon spéciale.

Le 26 juillet 1787, la Turquie remit son ultimatum à la Russie et la guerre recommença, qui se termina par le traité de Jassy de 1792. C'est alors que se débattit de nouveau en sous-mains la question du partage de la Turquie. Ce problème, posé en fait dès le Congrès de Karlovitz en 1699, fit l'objet d'un entretien de l'empereur Joseph II et de l'impératrice Catherine II, et se précisa dans la pensée du premier, surtout lorsqu'il lança cette phrase devenue fameuse : « Que diable faire de Constantinople? » — En effet, c'était le point épineux, Constantinople, considérée plus tard par Napoléon Ier comme le centre et le siège de l'empire du monde, objet de convoitise et de litige, de discussions et d'égoïsme pour toute la diplomatie européenne, problème demeuré, à l'heure qu'il est même, tout aussi aigu et tout aussi insoluble qu'en 1787. Mais si Joseph II s'écriait si naïvement et si spontanément : « Que diable faire de Constantinople ? », il ne s'était, pas plus que la tzarine, soucié de s'écrier : « que diable faire des Pays Roumains ? »... pour la raison très simple que l'un comme l'autre savait très bien ce qu'ils voulaient en faire, c'est-à-dire s'en emparer, comme d'un morceau « impérial » destiné à soulager « l'intégrité de l'empire ottoman ». Ce morceau était bien tentant, puisqu'au Congrès de Tilsit de 1807, par lequel prit fin la quatrième coalition, le Corse vainqueur, qui méprisait souverainement les Turcs et qui voyait les choses de très haut, pensa partager l'Europe, en prenant l'Occident pour lui et en laissant l'Orient au tzar Alexandre Ier, auquel il fit « cadeau des principautés roumaines ». Mais le tzar, prudent et vainqueur des Turcs, signa, le 18 mai 1812, la paix de Bucarest, si âprement criquée par l'amiral Tchitchagoff. Ce fut le couronnement de la désastreuse occupation russe (1806-1812). Cette fois, c'étaient les « protecteurs naturels », suivant l'euphémisme délicat du maréchal Münnich, qui ajoutèrent au rapt de la Bukovine par les Autrichiens, le rapt de la Bessarabie par les Russes. Et de même que le prince Ghika avait payé de sa tête, en 1777, la perte de la Bucovine, cette fois, ce furent Galib Effendi et les deux frères Mourouzy qui se balancèrent à la potence, comme un témoignage éclatant de la justice, de la mentalité et de la barbarie stupide des Ottomans.

C'est donc par des pertes de territoires arrachés aux Pays Roumains, sous couleur de consacrer le dogme diplomatique de « l'intégrité de l'empire ottoman », que se solda le xviiie siècle dans l'Europe Orientale et que se trancha brutalement, par une série d'injustices flagrantes, le nœud gordien de « la question d'Orient », ce spectre horrifique de la diplomatie européenne.

Les Pays Roumains, héroïques défenseurs des frontières de l'Europe chrétienne contre l'invasion mongolo-turque, pendant plus de quatre siècles, les Pays Roumains, victimes de l'ambition moscovite, de la duplicité autrichienne, de l'impéritie et de la barbarie ottomanes, de l'indifférence et de l'incompréhension du reste de l'Europe, auraient fini par rouler dans l'abîme où s'engloutit la malheureuse Pologne, si le premier quart du xixe siècle n'avait vu éclater les deux mémorables révolutions nationales de 1821 dans les deux Roumanies, et de 1822 dans la Hellade.

Ces deux révolutions, qui feront l'objet des premiers cours de l'autre année scolaire, trouvent leur point de départ dans l'œuvre sourde, commencée dès le xviie siècle autant dans les pays roumains que dans les pays helléniques. Elles sont pour ainsi dire solidaires, parallèles, adéquates, malgré leurs malentendus et leurs courants divergents ou hostiles. Elles ont leur symbole dans cet emblème singulier qui marqua le premier recul de l'Islam européen en 1699; emblème qui figure sur le cachet qu'Alexandre Maurocordato l'Exaporite apposa, à côté de sa signature, sur le traité de Karlovitz, son sceau personnel qui représentait « *un phénix renaissant de ses cendres et issant des flammes* ». Ce même emblème servit de signe occulte à Maurocordato Firar, à Scoufo d'Arta, à Rhigas Phéréos, de signe de ralliement aux premiers hétaïristes qui avec Ypsilanti l'arborèrent sur leurs étendards; il servit d'emblème caractéristique sur l'uniforme et le sceau du comte Jean Capodistiras, premier gouverneur de la Hellade, de marque sur les premières monnaies helléniques en 1828. Il ne lui manquait que les quatre lettres rosicruciennes I. N. R. I., *igne natura renovabitur integra*, dont il était cependant l'expression, parce qu'il symbolisait la résurrection de la Hellade, dans la pensée de ceux qui l'utilisèrent, et qu'il demeura le symbole de ceux qui pensèrent que c'est : par le feu, c'est-à-dire la révolution, que la nature entière, c'est-à-dire toute la chrétienté de l'Europe orientale, s'est renouvelée, c'est-à-dire aura secoué la tyrannie musulmane.

PROGRAMME DES COURS

Le Lundi 9 Décembre 1912.— *Leçon de réouverture.— La diplomatie européenne et les Pays Roumains au XVIIIe siècle.*

Le Lundi 16 Décembre 1912.— *Géographie politique et économique des Pays Roumains au XVIIIe siècle. — Etat social, ressources, impôts, finances, commerce, agriculture. — Prince, noblesse et clergé, propriétaires et paysans.*

Le Lundi 13 Janvier 1913. — *Constantin Brancovan, prince de Valachie (1688-1714). — Ses démêlés avec la diplomatie européenne et l'empire ottoman.*

Le Lundi 20 Janvier 1913. — *Avènement des Phanariotes aux trônes roumains. — La question du principat roumain. — Considérations politiques sur les Phanariotes.*

Le Lundi 27 Janvier 1913. — *Les règnes de Nicolas Maurocordato Ier et de Jean Ier Maurocordato II. — Le traité de Passarovitz (1718) et l'occupation de l'Olténie par les Autrichiens (1718-1739).*

Le Lundi 10 Février 1913.— *Les dix règnes de Constantin Maurocordato (1733-1769), ses rivaux et ses compétiteurs, les Ghika et les Racovitza, sa politique.— Le traité de Belgrade (1739) et ses résultats. — La Sublime Porte ottomane et la diplomatie européenne.*

Le Lundi 21 Avril 1913. — *L'art des Roumains au XVIIIe siècle, sous les princes Maurocordato. — Architecture religieuse, arts mineurs ecclésiastiques ; orfèvrerie et broderie*

Le Lundi 26 Avril 1913. — *L'art des Roumains à la fin du XVIIIe siècle. — La maison et l'église. — Décadence et fin de l'art religieux roumain.*

Le Lundi 5 Mai 1913. — *Essai d'une synthèse et d'une classification de l'art des Roumains. — Moyen âge et modernisme. — Les influences extérieures et les tendances originales des Roumains en art. — Le sentiment et l'idée.*

OBSERVATION

Les cinq leçons d'art des mois d'avril et de mai seront illustrées par des projections lumineuses.

ACHEVÉ D'IMPRIMER

POUR

L'AUTEUR

LE TRENTE DÉCEMBRE MIL NEUF CENT DOUZE

PAR

LA SOCIÉTÉ GÉNÉRALE

D'IMPRIMERIE ET D'ÉDITION LEVÉ

A PARIS

71, RUE DE RENNES

ERRATA

Page 23 :

Au lieu de : Michel Soutzo I, *lire* : Michel II Soutzo III.
Au lieu de : 2 Soutzo...,   *lire* : 3 Soutzo.

Page 24 :

Au lieu de : 30 princes...,   *lire* : 31 princes.
Au lieu de : 37 gouvernements, *lire* : 38 gouvernements.

Prix : Un franc.